TIEMPO

EDMR y otras historias

Pilar Soto Sánchez

COLECCIÓN ITES

TIEMPO. EDMR Y OTRAS HISTORIAS

© Pilar Soto Sánchez
© de esta edición: Olé Libros, 2024

ISBN: 978-84-10053-46-5
Depósito legal: V-2683-2024
Impreso en España

KALOSINI, S. L.
Grupo editorial olélibros
equipo@olelibros.com
www.olelibros.com

*A todos aquellos que han sido encuentro
o camino.*

A María, por inspirarme y ayudarme a soltar.

Consciencia

La vida solo (no) llega
cuando (no) la esperas.

Historia de una amistad

Nació sola, sin buscarla
pero se hizo fuerte, eterna.

Retenidos quedaron
en los primeros pensamientos,
en las distancias, en las resacas.

En las conversaciones de vida,
en las debilidades,
en ellos.

En la noche que cantaron,
hasta morir.

Se aceptaron.

Eterna.

SENTIR

De un primer paso profundo y frío,
de textura de fresas, de atardecer.
De viento y sal.

Y no me vi.

Segundo paso de firme desnudez,
de pies quebrados.
Rayos que rasgan la vista.
Molestias placenteras.

Y no me vi.

De la libertad de la brisa,
energía hasta mis capilares.
El momento, la espera.

Y no me vi.

Me sentí.

AFIRMACIONES

Lo sé, pero no quiero.
Lo siento, pero no lo digo.
Sí, pero no.
¿Para qué confirmar la realidad?
¿Para qué dejar de soñar?
Sí, pero sí.
Y será real.
Pasará.

Sí.

Niña roca

El instante que cambió mi vida
supe que sería

roca, fuerza, energía.

Fría, dura, dura e ingenua de apariencia.
No podía bajar la guardia, siempre alerta.
Siempre alerta.

La pena hasta las entrañas,
y mi cuerpo bloqueado cn ellas.

Y la roca dura, fría.

Podía abrazarme,
suplicarme no llores más,
ser fuerte conmigo.

Pero me quedé en mi cama, perpetua.
En llanto hacia fuera, en soledad interna.

Seca, fría, roca.

Fue el primer momento del intento.
Cambio de vida, comienzo.

PASEOS

La vergüenza
ha salido hoy a pasear.

En su paseo pensaba, y el pensar
no lo ha podido soportar.

Cuando he mirado,
ya no estaba.

No te escondas tan rápido,
dame tiempo a tocarte,
que si te toco te entiendo,
pero si no te entiendo,
así,
no te puedo curar.

VELA

La veía, siempre.
Después de recordar escenarios,
un constante, discreta.
Siempre, ella.
Conmigo.

No cesaba nunca, su llama.
Siempre atenta.
En el frío convento, en la inmensidad,
en mi intimidad, en la nada.

Para lo concreto, no estaba.
Era siempre, compañera.
Encendida, plena. Ella era.

Y cuenta no me daba
de que nunca se apagaba.

(Papá)

La muerte del romanticismo

Murió el romanticismo,
nací yo.

Salí a la vida, sentí hogar.

Por fin, de nuevo,
o por primera vez.

REFLEJO

Te miré y te reconocí
en tus ojos.
Esos grandes y profundos
que esconden misterios,
que buscan tesoros.
Esos ojos míos,
que viven los sueños
que saben a oro.

EL ZORRO Y LA MONTAÑA

Como en un cuento de niños,
me encontré con un zorrito
correteando por la montaña.
Sin dejar de observarme,
me buscaba travieso,
parecía que me hablaba.
Me invitó a seguirle hasta la cima,
mientras el sol ya bajaba,
se acurrucó y me acerqué
y me hice un ovillo a su espalda.
Tanto amor tenía por el zorrito
que me sentía aliviada.
Mi consciencia conectó
con las mil estrellas que me inundaban.

Porque yo pensaba que éramos dos,
y él ya sabía que solo una descansaba,
en un desierto silencioso,
bajo mil estrellas que nos guiaban.

MATRIOSKA

Se ve serena,
hasta que se parte en dos.

Aparece nueva,
se quita una máscara,
las caretas, las inseguridades.
nueva de nuevo
y se quita dos,
la incertidumbre no cesa,
cada vez más pequeña.

Se parte en dos, pero al final
es ella
inseparable
completa.

EL MAR

¿Qué es lo que me quieres decir, mar,
cuando revuelves tus aguas,
cuando reduces tu color
o te retuerces de resacas?

¿Te envuelve la tristeza,
la rabia, las ansias?
O quizás eso es en mí
y tú, mar, solo eres aguas.

Tiempo

La historia del mes

Hay meses que narran comienzos
de sueños melosos, burrata y cervezas.
De eternas noches, miradas cómplices,
tactos erizantes y camas revueltas.

Meses de alcohol, pelucas y bailes,
de bellezas picassianas, de dejarse llevar.
de jugosas manos y pies enlazados,
tardes infinitas y confuso despertar.

Hay meses que narran finales,
de almas rotas, té consciente y días grises.
De eterno llanto y miradas vacías,
olvidar, o de no olvidar.

Meses de energía, de aceptar,
de volver(te) a ti, a tu verdad.
Meses de agradecer(te) en consonancia,
egos aparte, amor, y libertad.

Hay meses que laten, que vibran,
que no hablan ni de esperas ni de olvidar.
Meses que caminan tranquilos,
observando la vida pasar.

La libertad de un confinado

Tardes de balcón,
de libro, de brisa.
Revolución de los sentidos
que han venido para quedarse.

Prohibición que impulsa libertades,
soledad que enseña empatías.

Viajes indescriptibles,
los descubrimientos más bellos.

No dar constantemente
y darme, lo primero.
¿Qué libertad teníamos entonces?
Nunca el ser tan yo, tan tú.
Sin compromisos, sin vestidos.

Solo tú, la brisa, el balcón.

A SOLAS

Mis dedos en tu piel.
Tus dedos en mi piel.
Las horas.

Mis dedos en mi piel.
Mis dedos en mi piel.
Mis dedos en mi piel.

...

¿Que qué pasa?

La vida,
y pasa como ella quiere.

PERFUME

Tantos años con tu aroma
que te has fundido en mi pecho,
y de tu olor me dicen,
y en mi ser te integro.

A veces me paro
y en ese instante te huelo
para sentirme a mí
y así olvido mi anhelo.
De vainilla y flor de azahar
lanzas aromas sinceros.

Tú, que me ves de días de música,
tardes de viajes y noches de infiernos.

De la crema de aloe,
del salitre impregnado,
del sol rasgado de enero.

De esfuerzos y llantos,
de esperas y deseos,
de momentos.

De ti, de mí.

Del paso del tiempo, de ti, de nuevo.

De mi olor,
tu recuerdo.

MUSA

Si me inspiro, es conmigo.
Si escribo, es por mí.
Si extraño, es conmigo.

Y cuando amo...
cuando amo es lo mejor de todo.

(Mi musa interior)

2046

De tu puerta a la mía
hay menos que un aliento.
Aunque estén enfrentadas
nunca cruzaremos momentos.
Si tú sales, yo no entro.
Si te acercas, me alejo.
Tan corto, tan concreto.
Y no me tienes, y no te tengo.

¿Qué película habríamos sido tú y yo
si no hubiese existido...

el tiempo?

Viaje

Tú,
que recorres mundos infinitos,
de experiencias indescriptibles,
de lugares inalcanzables,
de amores inolvidables,
hasta quedarte

dormida.

Piedras

Usar y tirar

Te miran,
como hacía tiempo que nadie te miraba.
Te viven, te sienten.

Te roban sonrisas, miradas.
Encuentran tu infinito,
el hueco.

Se van, abrazando el sueño
y dejando la realidad.

Y el recuerdo.

El veneno

¿Dónde está la fuerza,
dónde se ha escondido,
por qué sufro tanto
sin nada haber perdido?

¿Qué veneno tengo dentro
para sufrir este suplicio?

Quítame la vida
o dámela consciente,
para estar muerta en vida,
mejor mátame,
que quien muere, no siente.

ELECCIÓN

De una tarde de invierno,
alguien me dijo una vez
que el poder de decidir es inmenso.
Del anular el resto,
de asegurar.
Caminos y encuentros.
Ellos
no escogen, no afirman, no niegan.
Seres de ambigüedad,
que ni deciden ni definen.
Ellos
mataron
la elección,
el amor,
el tiempo.

EL JUEGO

¿Por qué me encaras en tus encuentros
si yo solo quiero jugar?

¿Por qué me traes a tus ilusiones
si solo quiero jugar?

Si solo quiero jugar,
por qué no me sueltas,
por qué me paras,
para qué esperas.

¿Acaso no ves que me cansas
en tus proyecciones, en tus ansias?
Déjame jugar.
Déjame jugar,
que todavía soy niña.
Aunque tú no quieras.

Aunque tú.

Tiempo

Como tú inventaste tu nombre,
yo fingí tu ilusión.

Como tú frustrabas mi poesía,
yo creaba mi dolor.

Como tú retabas mi espíritu,
yo mutilaba mi razón.

De tu pausa, mi esfuerzo.
De tu juego, mi confusión.

De tu risa, mi melodía,
de tu sentir mi aceptación.

Tu juicio era todo
menos lo que fue mi razón.

Tu interior, tu tristeza, la mía.
Tu verdad, mi voluntad, mi adiós.

Tu tiempo en uno,
mi tiempo, en dos.

VERDAD

La verdad que mató el deseo, las ansias,
la espera.
La verdad que mató el tiempo,
las noches de piel en piel,
los perfumes de veranos,
de pasiones desatadas,
de deseos carnales
y nervios de estómagos.

La verdad quiso ser verdad.

VERGÜENZA

Cuando ella sale a pasear,
a intempestivas horas
de mi llanto vulnerable,
en ella brilla autoridad.

Años de bulevares,
con su mano asomando
por mis primaveras
de olores racionales.

El día que salí a buscarla,
no soporté su caminar.
El día que salí a buscarla,
no aguanté su mirar.

¿Cómo voy a curarte, pequeña,
si ni siquiera te puedo tocar?
Qué haré contigo, vergüenza,
si me retas al andar.

Cuanto más me quiero,
más pena me das,
el paseo se reduce,
hasta no verte más.

El nido

Encontré un pequeño pajarillo
con ternura en su mirada
que una sonata cantaba,
desde su pequeño hogar.

Me he cansado de escapar
de todas las jaulas del mundo,
de las de ensueño y las de verdad
huyendo sin parar.

Volaba a los confines del mundo,
donde me esperaba otra jaula,
otras formas, otras historias,
y de las que una vez más
mi objetivo era volver a escapar.

Un día llegué volando
a un lugar que no esperaba,
desconocido pero familiar,
de atardeceres sonoros,
de lecturas infinitas,
de aromas de aceite y música
y de más música y de sal.

En ese nido en las alturas,
desaparecieron las cadenas,
llegó la pausa,
como un dulce despertar.

De ese nido hice mi hogar,
y de él mi verdad.

El pajarillo terminó su canto,
y con un ligero movimiento migró
sin volver la vista atrás.

ARENAS

Agosto llega a su fin,
y con él las tintineantes algas,
mi piel sobre las doradas arenas
luce bronceada hasta la primavera.

Arena sabe como el viejo mar
que de sus aguas a ella llega,
sabe de amistades, sabe de esperas,
revive encuentros y esconde confidencias.

Te encontré una noche
en el comienzo del fin
de reuniones descalzas,
de miradas en vela,
confesiones tímidas,
viviendo de rentas,
de destellos turquesa,
de tu sonrisa, y mi pesar
me llevé el pareo con Arena.

Se vino conmigo sin quererlo
a una ciudad desierta,
donde arenas solo había en tierras,
sin mar, sin brisa, ni vivencias.

Se vio tan desconocida
que cuando vio agua se sumergió directa,
porque ella conocía agua con mar,
y mar solo vivía con Arena.

Buen viaje, pensé tarde,
en el deseo de que no te pierdas
en la mierda de inmensidad
que hay hasta llegar a tu vera.

Sanación

Espejos

Desde el centro de control
creía que lo tenía todo.
Un día desperté,
no lo vi, lo sentí.
Las profundas perforaciones,
las invisibles fugas, las heridas.
Pulidas como un espejo.

Sentada,
en el lugar de siempre.
Ahora podía ver lo que había detrás.
El espejo,
la mirada en el presente,
la consciencia en el pasado.

Oscuridad vuelta luz,
El miedo escrito
en campos de margaritas.
Abandoné mi anhelo y acaricié
las pequeñas flores.

Esponjoso corazón,
suaves pétalos.
Mi mente se elevó, se expandió.
Y desde muy arriba me vi,
y me vi libre.

Bajé de nuevo, nos conectamos.
Agradecí,
y nos hicimos una.
Para siempre.

HISTORIA DE UN RECHAZO

El día no pasa,
solo pasa la vida.

Y mientras pasa,
mientras sana.

LA IDA

Si decidimos que parta,
partiré.

Y lo haré tranquila.

Como se va el invierno,
como caen las hojas,
como amanece el día.

Así.

Habitación blanca

Era una habitación blanca.
La puerta, blanca,
las satinadas paredes, blancas.
Techo, suelo y mesa, blancos.
La silla en la que estaba, también blanca.

Mi oscuro vestido
en exceso no destacaba
en el onírico escenario,
mi mirada fija
hacia la puerta esperaba.

Aparecieron Ahora y Pasado.
Pasado estaba tímida en un lateral,
su pequeña cabeza apenas alcanzaba
el canto de la gran mesa
que el espacio organizaba.

Ahora se sentó,
imponente y segura,
retándome con mi propia mirada.
Me dijo ¿tú qué?,
mírame, porque a retarte vengo.

Mientras Pasado temblorosa
jugaba inocente y miraba de reojo,
me miré en Ahora
pero no miraba a Pasado,
aunque sabía que en mí sus ojos estaban clavados.

Expectante.

Me giré hacia la pequeña Pasado,
me acerqué y le cogí de mi mano.
No tengas miedo, le dije.
He venido para abrazarte.

Pasado seguía sin levantar la vista,
nerviosa.
No tengas miedo,
no tengas miedo, pequeña.

Sus ojos, clavados en lo más profundo
de mi pensamiento,
de viaje me llevaron
hacia la máxima tristeza,
a la profunda soledad.

Al salir a la realidad
le cogí de la mano,
desnuda, sincera,
y me perdonó por la soledad.
Nos aceptamos.

Ahora conectó con Pasado,
para que cuando se sienta sola, mi niña,
vaya a su encuentro,
y se abracen tan fuerte
que la soledad sea un recuerdo.

Ojos negros, casi negros,
de la más intensa mirada que he sentido.
De todos los momentos que no había mirado.

En ese instante, Ahora se levantó,
sin cruzar mirada con Pasado,
se incorporó.

Se fueron juntas, por la puerta blanca.

Y mis ojos se clavaron en ella,
en esa puerta de una habitación blanca,
de paredes blancas, de alma blanca.

Y sonreí.

DE LAS MANERAS DE SECARSE

Sentada, inmóvil.
Mojada.
Como recién sacada de un pantano.
Arrugada y pálida.
Como si la hubiesen atrapado
en lo mortal.
Fría, inexpresiva, muerta.
Tanto miedo me provocaba
que ni la tocaba.

No la había visto antes.
Blanco el sofá, blanca ella,
en soledad, en penumbra.
En esa casa, conocida,
reconocida de luz, penetrante.

Ella, en penumbra permanecía.
De entrañas pedía ayudarla,
saludarla. Y no sabía.

Lentamente, noté mi brazo moverse.
Lentamente.

De segundos mojados,
se hizo el momento, del dulce tacto,
de mi mano en sus vestidos.

Te ayudaré, le dije tímida.
Te ayudaré, le dije firme.
Te ayudaré.

De ríos de lágrimas,
navegando por sus latentes mejillas,

con naves de esperanza,
con miradas fijas, de recuerdos.

Pero yo la sujetaba y la miraba en
mi decisión, en mi seguridad,
en mi nunca,
hasta entonces.

Comenzó a secarse
desde sus pies,
su camisón de lino,
sus piernas, brazos,
sus pechos, su fino pelo,
sin peinar, siempre.

Se secaba,
se evaporaba la pena,
el llanto.
Secó.

Me miró,
y nos fundimos para siempre.
En ese momento del tiempo,
de ayer, de mañana,
Hoy.

Sonrió, sonrío.

SEDA

La encontré pálida,
sentada.
Por un segundo pensé
que había percibido un ligero movimiento
de su rígido busto.
Un instante soñado.
Empapada, me preguntó si la recordaba.
Sí, la recordaba.

Al tocarla, solo ahí se dio cuenta
de que, en realidad, no estaba mojada,
sino que estaba congelada
en el tiempo,
en un momento.
Congelada y anclada en su dolor.

Giró la vista a la pequeña, y la pequeña
miró a la puerta.
El suave movimiento de un pomo resonaba
como un gran engranaje interno.

Y la vio, la vio por primera vez
desde su despedida.
No había cambiado, permanecía
radiante, ella, dulce, calmada.

La habitación ya no era sin ella.
Ella llenaba todo, lo amaba,
lo acogía.
Era luz.

La miró, como nunca había mirado a nadie,
como si hubiese encontrado el sentido a la vida misma.
Su significado y conexión.

He congelado tu vida
para que te quedes en la mía,
y así no despedirnos nunca,
y amarnos siempre. Eternas.

Porque si no lo hacía, te perdía.
Ahora has entendido, y te puedo soltar,
te puedes soltar.

Hija, te quiero.
Vuela lo más alto, con esas alas doradas
que tenías tan atadas.
Yo a ti, tú a ti, y nos hicimos un daño de vida.
Perdóname, perdónate.

Se abrazaron, como si en ese abrazo
se quebrasen pequeños filamentos
que la ataban a la pared.

La miró, esperando a que cerrase la puerta,
pero no se movió.
Y esperaba, sin saber, sin entender.
Fue entonces cuando dijo: yo soy yo la que se debe ir.
Lo entendió, y cruzó decidida, y cayó al universo.
De ahí se hizo mundo, mitad cosmos, mitad agua.

Permaneció mirando la margarita
que entre sus manos yacía en calma.

Sus ropas eran seda,
dorada como el Buda que veía en sus ojos.
Creció, creyó, vivió.
De experiencias de vida.

El agua profunda,
la flor radiante.
Equilibrio, equilibrio, equilibrio.

MIEDO

No sabía que a mí me acechabas
y al meditarte te vi
en la oscuridad más inmensa,
de mis jóvenes recuerdos,
y de mi piel.

De mis gritos más desgarradores,
de mis fragmentos, de mis entrañas,
sufrías en soledad.

Como de ella huía,
de ella y por ella me escondía,
infinitos aullidos
indeterminados vacíos.
Sin pausa.

Primero él, después ella.
Atemorizados, de ti, de mí.
La luz.
Mi pecho en su energía.
La calma.

Miedo pasó, hija mía,
la vida te espera.
Contigo siempre, desde el otro lado.
Desde el otro lado.

Y la mano le di,
y caminamos juntos.

La divina comedia

Veo un mundo acabado,
sin flores, sin lluvia y sin olor.

Nervios, retortijones.
Desciendo por los adentros
al infierno más profundo,
acompañado de su calor,
mi existencia se alejaba.

Mi alma
callada me acompaña.
Pero al ver nuestro inevitable fin,
grita con todas sus ganas.

Al llegar al centro,
una inmensa bola de fuego nos esperaba
y su último llanto se fusionó en lava,
y mi cuerpo corriendo
no sé cómo llegó a la entrada.

Un abismo se abrió en mi garganta,
la sombra que faltaba
la agonía, tristeza y los miedos
que mi alma guardaba.

En completo silencio una parte sanaba,
ligera,
nos hicimos una.

Un dios dorado

Proyecto vidas bonitas,
me veo en vidas de ensueño,
en las que los colores pastel se ríen,

Y de verme tanto, me vi
en equilibrio.
Serena, hablándole a una divinidad,
rezando a un dios.
Era yo ese dios.

El jardín

Mis yemas exploran la piel desierta
y encuentro en mí un espacio muerto.

¿Cómo llenar un vacío
que tanto llevaba lleno, de mentirosos anhelos,
de olvidado deseo, de un intento
de cambiar pensamientos?

¿Cómo llenar un vacío
que no sabía que estaba muerto?

Tierra fértil y cariño
del cuidado más dulce y tierno.
Flores blancas y tierra fértil
para el jardín de mis deseos.

Y cuanto más robusto crecía,
más venían a verlo,
mi curiosidad, mi reconocimiento,
o mi gusto por el paso del tiempo.

Mi jardín se hizo arte,
y con ello un respeto,
el respeto reconoció
el poco conocido reconocimiento.

He cultivado un jardín
del que orgullosa me siento.

CAMINOS Y ENCUENTROS

Hay personas que son encuentros,
que llegan, saludan y se van.

Que quizás aguantan un poquito,
pero saldrán pronto de nuestro recorrido
y serán de olvidar.

De ellas aprendemos, maduramos,
fortalecemos, sacando punta, para anotar
nuestros *no queremos*.
Y quizás nos harán sufrir, o nosotros
a ellas, de inmediatez o enamoramiento,
de decepciones, vaguedades o sueños.

Encuentros de aprendizaje,
cicatrices y vientos.

Hay personas que son caminos,
que cuando llegan entienden el paso,
que al caminar caminan contigo,
caminan al lado,
del caminar bueno, del caminar malo.

Y en el caminar se agarran fuerte
y te cobijan a su costado,
caminos de vida, de pausa,
que se enriquecen observando.

Para todos estos caminos
que llevaré a mi lado,
daros las gracias desde mi faro
por lo que habéis ayudado.

LA DANZA

Cuatro paredes de espejo negro
y en su centro un cuerpo en movimiento,
danza de vida y físico aliento.
De golpes elegantes y bruscos sentimientos.

Me vi transformándome al son de mis deseos.
Confiando en mi poder, en mis manos ardiendo,
terminó la danza y allí se encendieron
las luces del más intenso firmamento.

Y comprendí eran ventanas, no espejos,
lo que allí enmarcaba mi cuerpo.
Un tumulto al otro lado repleto de mis momentos,
aplaudía con los brazos en alto
y con firmes y sonoros esfuerzos.

La fuerza de mis pasos, el ruido de mi futuro certero.
Vi entonces un pajarillo que alzó contento al vuelo.
Y entonces fui águila y observé consciente
mi nuevo y maravilloso universo.

LA CONSCIENCIA

He llegado a ti sin quererlo,
aunque el nervio me lo gritaba,
el despertar de madrugada,
la ansiedad que afloraba.

El cuerpo me lo decía,
me lo decían las ansias,
y hasta hoy no fui consciente
de querer escucharlas.

Algo aprendí contigo,
amistad patentada,
que no estoy preparada
para una ruta tan larga.

Me quedo en mitad del valle
a contemplar mejor la calma,
que tu vida y la mía
no caminan acompasadas.

Decido, consciente,
observarte desde mi balsa
sin generarte en pensamientos
observarte me sana.

La culpa

En mi caminar,
sentí tu presencia
creciendo con fuerza
estirando mi piel,
pesando en mi espalda.

Intenté ignorarte
pero te notaba en mi interior,
eras densa e intensa.

Traté de aliviar el dolor
hundiendo mis dedos en la espalda,
Me arranqué la piel
para sacarte de mí,
pero eso me mataba
y no te hería a ti.

Con la espalda en carne viva,
llegó mi mente,
y comenzaste a cicatrizar,
lenta, muy lentamente.

Como una tierra agrietada por la sequía
en la que llueve desconsoladamente,
me curé.

Te dejé atrás,
como un muñeco olvidado,
en el camino de la vida.

Te he borrado de mí.

Ahora empiezo.

La decisión

Hay decisiones que pierden
a una supuesta media mitad
o almas que vagan sin rumbo,
o vidas que no saben vibrar.

Hay decisiones que pierden
sonrisas para llevar,
de películas de filmoteca
que nunca se llegan a estrenar.

Hay decisiones que ganan
y que por miedo reculan,
con dos pasos adelante
dan un paso atrás.

Encontremos juntas el paso
que lleva a la libertad,
la mirada puesta en el camino,
el corazón en la verdad.

Libertad

ALAS

Perdí el miedo
y salté.

Desde lo más alto,
hacia el adiós.
Empapada en fuerza,
allí parada, en el horizonte.

Le regalé un mensaje de buen camino
y mientras se alejaba,
yo, serena.

Sin poder, sin fuerza.
Brotaron en mi piel
sedosa, desnuda, dorada,
hermosas alas,
suaves, esponjosas.
Para no llegar, para no saltar,
para volar,
volar a ninguna parte.
Sé.
Me las regalasteis, y no lo sabía.

(Mis hermanos)

VOLCÁN

Entonces, me paré.
Exhausta.

Intenté huir, pero no veía el final,
hasta el horizonte, lava.
Lava en todos sus ángulos.

Entonces, me giré.
Segura.
Lo miré, me enfrenté.
Comencé a correr
con la vista clavada en él.

Corrí como nunca, sin miedo.
Escalando cada vez más alto,
peligroso, menos tierra,
más fuego.

De calor, humo, pero sin miedo.
La cima,
lo vi, en mis ojos.
Y salté, libre.
Y las estrellas.

LIBERTAD

Desde dentro.

Encontré un espacio,
lleno de pequeños saquitos.
De nombres, cosidos.
Ansiedad - Tristeza - Dolor - Soledad.
Intenté sacarlos, pero no rodaban.

Los hice bola, me despedí, consciente.
Rodaron hasta la salida,
desaparecieron como desaparecen
las estaciones, progresivas.

Viendo el vacío
en una esquina vi asomar
el tejido de algo escondido
muy en el fondo, irreconocible.
Me acerqué, lo cogí, en brazos.

Esta vez no lo tiré, lo miré.
Lo miré con la serenidad tan pura
que me devolvió la mirada.

Miedo empezó a encogerse
más, y más, y más.

Se convirtió en un granito al que le llamé Arena.
Y Arena llegó al mar, y del mar,
su libertad.

Llegaron entonces saquitos nuevos.
Caídos del cielo, del cielo interno.
No tenían nombres cosidos,
sino nombres llenos,
que brillaban como pequeñas joyas.
Coraje - Fuerza - Valor - Autoestima - Poder - Confianza.
Todos ellos venían para quedarse
y llenaron la cilíndrica sala
de esbeltas estanterías celestiales,
cada una en su nueva y perfecta ubicación,
como en un museo.

Brillaban plenas, con tanta fuerza
que me emocioné.

Se abrieron las enormes puertas,
imponentes y blancas, blancas como el interior.
La luz, esa luz.
Y desperté.

DESPERTAR

Despertó sin querer,
después de una dolorosa angustia,
Romántica se definía,
orgullosa.

Pero el romanticismo
escondía su ansia,
su búsqueda,
las ganas.

Era eso de aferrarse a impulsos,
momentos, sonrisas fugaces,
amantes, de muchos amantes.

Explotaba y generaba historias,
sueños, fantasías,
tardes de miel y canela,
sábanas con memorias,
y mañanas de piel suave
y descansos quebrados.

Y de nuevo, y otra vez.
...

Despertó,
más segura que nunca,
y se fue al mar.
Nadó hasta el corazón
y se reveló, por siempre.

Se quiso tanto que no se vio romántica.
Se vio ella, y se quiso,
se quiso tanto...

El salto

Nadó, para no pensar.
Corrió, para no pensar.
Saltó para no pensar,
desde lo más alto.

Paró,
y en ese instante...
en ese mismo instante,

fue.

Libre.

ÍNDICE